NOTICE
D'ESTAMPES

ANCIENNES & MODERNES

ORNEMENTS

PLUS DE

1,200 Portraits

QUELQUES DESSINS

DONT LA VENTE AUX ENCHÈRES PUBLIQUES AURA LIEU

HOTEL DES COMMISSAIRES-PRISEURS

RUE DROUOT, 5

SALLE N° 6, AU 1er ÉTAGE

Le Mardi 4 Novembre 1862, à une heure précise.

Par le ministère de **Me DELBERGUE-CORMONT**, Cre-Priseur,
rue de Provence, 8,

Assisté de **M. VIGNÈRES**, marchand d'Estampes,
rue de la Monnaie, 13, à l'entresol; entrée rue Baillet, 1,

Chez lequel se distribue la présente Notice.

PARIS

RENOU & MAULDE

IMPRIMEURS DE LA COMPAGNIE DES COMMISSAIRES-PRISEURS
Rue de Rivoli, 144

1862

CONDITIONS DE LA VENTE

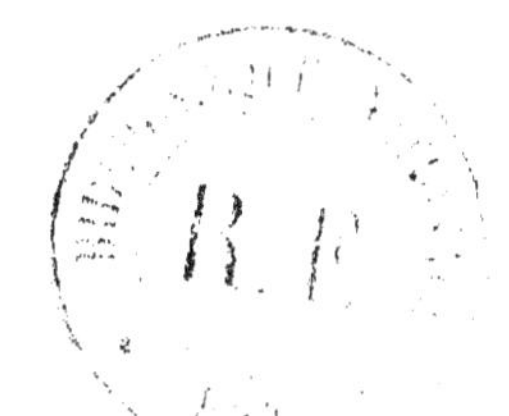

ORNEMENTS

1 Ornements divers, environ 800 p. Formera plusieurs lots.

2 **Baptiste**. Vase de fleurs. In-fol.

3 **Baptiste** et autres. Vases et Bouquets de fleurs. 13 p.

4 **Berain**. Panneaux montants d'ornements très-riches, avec figures. 7 p.

5 **Blondel**. Trophées à 2 sujets à la feuille. 6. — Rampes des Tuileries, S.-Roch, S.-Germain-l'Auxerrois. 9 p.

6 **Boucher** (d'ap.). Consoles, tables, etc. 6 p.

7 **Bry** (de). Frises d'amours sur des animaux marins, l'Age d'or. 5 p.

8 **Cock**. Panneaux d'ornements. 8 p.

9 **Deneuforge**. Architecture. 160 p.

10 **École de Fontainebleau**. Vases, etc. 5 p.

11 **Fay**. Montant d'arabesques. 6 p.

12 **Ferdinand**. Les Vertus innocentes. 9 p.

13 **Forty**. Vase, calices, etc. 5 p.

14 **Fuch**. Figures et animaux chimériques. 9 p.

15 **Guerard**. Cartouches pour la musique, etc. 4 p.

16 **Guyot**. Montants d'ornements. 8 p.

17 **Hercula** (J.-A.), 1574. Alphabet formé de figures, arbres et architecture. 3 feuilles rares.

18 **Hopfer**. Arabesques. 4 p.

19 **Lafosse**. Attributs d'amour, d'église, etc. 11 p.

20 **Lajoue**. Fontaines. 13 p.

21 **Lalonde**. Cartouches, etc. 4 p.

22 **Lepautre**. Chandeliers, les Éléphants de la galerie médaillique de Rostaing, Encelade, etc. 9 p.

23 **Mariette** (chez). Décorations d'intérieur avec meubles, trumeaux, portes, cheminées, etc. 28 p.

24 **Marot**. Portes d'appartements. 9 p.

25 **Nilson**. Cartouches, grotte. 3 p.

26 **Pier**. Bras de cheminées. 4 p.

27 **Prieur**. Vases riches. 14 p.

28 — Montants d'ornements. 13 p.

29 — Frises d'enfants. 4 p.

30 **Salembier**. Frises, arabesques. 6 p.

31 **Schubler**. Tables et frises, par autres. 8 p.

32 **Sibelius**. Arcs de triomphe. 10 p.

33 **Toro**. Vases, cartouches. 7 p.

34 **Vico** (Ené), etc. Vases. 17 p.

35 **Wolf** (Jérémie) ex. Epitaphes. 7 p.

36 Orfévrerie religieuse, calices, ciboires, reliquaires, custode, pierres tombales, vues d'Espagne, etc. 57 p.

ESTAMPES

ANCIENNES & MODERNES

37 **Amiel**. 6 chevaux de course. Lithog. coloriées.

38 **Baudouin** (d'ap.). Le Coucher de la Mariée, par Moreau et Simonet.

39 **Boel** (d'ap.) et autres. Différents animaux. 9 p.

40 **Bois** anciens. La Passion, etc. 19 p.

41 **Bosse** (Abraham). Les Quatre Ages de l'homme, écran rond. Très-belle ép. avec la marge carrée.

42 **Boucher** (d'ap.). La Naissance de Vénus, par Duflos.

43 — Jupiter et Léda, groupes d'enfants, etc. 10 p.

44 — Deux paysages en hauteur. — L'Enlèvement d'Europe. 3 p.

45 **Boucher** (d'ap.). Sujets à la sanguine et en couleur. 8 p.

46 **Callot**. Les Pénitents, Emblèmes de la vie de la Vierge. 74 p.

47 **Callot** et Labelle. Sujets divers. 171 p.

48 **Carrache**. Triomphe de Vénus, Pan dompté par l'Amour, etc. 11 p. par et d'après.

49 **Carrache** (d'ap.). Compositions diverses. 25 p.

50 **Cochin**. Mariage du Dauphin, spectacle, bal et autres cérémonies. 5 p. in-fol.

51 **Cousin** (d'ap. Jean). Jugement dernier. 9 p.

52 **Debucourt**. Les Visites du jour de l'an.

53 **Demarteau**, d'après Lagrenée. Académies. 8 p.

54 **Dominiquin** (d'ap.). Angles de plafond. 4 p.

55 **Dorigny**. Les Évangélistes, angles de plafond, et autres. 7 p. dont 2 par Michel.

56 **Ghisi** (les), etc. Psyché et l'Amour, les plafonds ovales, etc. 10 p.

57 **Gingembre**. Scènes militaires en Afrique et Chasses de Dreux. 6 p. coloriées.

58 **Girardon** (Cabinet de). 10 p.

59 **Goltzius**, etc. Les Apôtres, les Dieux, etc. 20 p.

60 **Grenier**, Fragonard et autres. Lithog. 60 p.

61 **Huet**. Animaux, par et d'après. 15 p.

62 — Sujets pastoraux en couleur. 5 p.

63 **Jacottet**. Vues de Paris en couleur. 8 p.

64 **Lancret** (d'ap.). Le Midi, le trictrac et autres. 4 p.

65 **Laugier**. Pygmalion. Superbe ép. avant la lettre sur chine, toute marge.

66 **Lebrun** (d'après). Plafonds, voussures, batailles d'Alexandre, etc. 24 p.

67 **Leclere**. Entrée d'Alexandre, etc. 37 p.

68 **Marillier**. La Bible en estampes. 156 vignettes in-8. Superbes ép., toute marge.

69 **Massard**. Atala d'ap. Girodet.

70 **Mignard** (d'ap.). Sainte-Cécile, plafond, etc. 8 p.

71 **Parmesan** (d'ap.). Saint Jean présentant son agneau à Jésus, par Philipps, avant la lettre, marge.

72 **Pass** (C. de). Apôtres. 17 p.

73 **Petits Maîtres**. Aldegraver, G. Pencz et autres. 31 p.

74 **Potter** (d'ap. P.). Chevaux. 6 p.

75 **Poussin** (d'ap.). Triomphe de Galathée, de Pesne, etc. 5 p.

76 **Prudhon**. Daphnis et Chloé, la Cigale. 3 p. — L'Amour réduit à la raison, figures allégoriques, la grotte, etc.

77 **Raphaël** (d'ap.). Vierges, Jésus au tombeau, la Farnesine, etc. 12 p.

78 **Raphaël** (d'ap.) et Jules Romain. 19 p.

79 **Rembrandt** (par et d'après). 48 p.

80 **Rubens** (d'après). Les Grâces, Hérodiade, etc.
4 p.

81 **Tiepolo** et autres. 9 p.

82 **Travies**. Oiseaux. 35 p. Lithographies coloriées.

83 **Villeneuve**. Tombeau de Napoléon à Sainte-
Hélène. Grande lithographie. 11 épreuves.

84 **Volmar**. Sujets de chasses. Lithographies. 4 p.

85 **Watteau**. Son œuvre, gravée par Mark, etc.
32 p.

86 École Allemande et Flamande. 13 p.

87 École Italienne ancienne. 46 p.

88 École Française ancienne. 20 p.

89 — Sujets gracieux, xviiie siècle. 25 p.

90 — Sujets en couleur. 14 p.

91 — Sujets d'enfants et paysages. Sanguine. 50 p.

92 — Têtes et sujets gracieux, etc. 15 p.

93 Sujets de chasses, Brebiette et autres. 51 p.

94 Sujets de Vierges, historique, etc. Plus de 100 p.
Sera divisé.

95 Pièces historiques, la plupart sur Henri IV. 25 p.

96 Pièces historiques. Louis XIV passant sur le pont
Neuf. Adieux de Louis, XVI, etc. 20 p.

97 École Moderne. L'Innocence de Bervic, etc. 8 p.

98 Lithographies diverses, etc. 86 p.

99 Sujets de baigneuses. Érigone, etc. 8 p.

100 Modes et costumes anciens et modernes. 35 p.

101 **Modes** depuis 1818, Parisiennes, le Follet, etc.,
d'après les dessins de C. Calix, J. David, Ga-
varni, de Valmont, etc. 494 p.

102 Costumes turcs coloriés. 8 p.

103 Gravures chinoises coloriées. 20 p.

104 Allégories et sujets sur la mort. 41 p.

105 Emblèmes d'amour, etc. 38 p.

106 Sujets d'animaux. 73 p.

107 Statues, académies. 50 p.

108 Vues et paysages. 24 p.

109 Chute du Niagara. 6 p. — Entrepôts de Paris et Londres. 6 p. — En tout, 12 p.

110 Vues de Bade, Berlin, Bruxelles, Gênes. 4 p. Grand in-fol., lithographies coloriées.

111 Figures, sujets divers, paysages, etc. 90 p. 2 lots.

112 Scènes du théâtre du Vaudeville. 36 p.

113 Décorations théâtrales. 3 p.; de Callot, rares; et de Canta Gallina 8 p.

114 — De Galliari. 5 p. In-fol.

115 **Portraits** d'acteurs. Arnauld, — Balestra Galli, Badiali, — Barilli. 5. — Gizziello. 2. — Mme Himm, aquarelle. 11 p.

116 — Lablache, portraits et rôles, son fils. 14 p.

117 — Acteurs italiens divers. 22 p.

118 Portraits de Moncornet. 32 p.

119 Diverses célébrités. 45 p.

120 Portraits par Th. Deleu, Nanteuil, et autres costumes de Bonnart, etc. Environ 250. Sera divisé.

121 Portraits de rois de France, d'Angleterre, Polonais et Russes et autres célébrités. Environ 1,200. Formeront plusieurs lots.

122 Photographies d'après Boucher et autres. 15 p.

123 École de Goltzius. L'Amour saint. — L'Amour cupide. 2 p. dans des ornements; avec les épreuves en photographies. 4 p.

124 Vignettes pour Illustration. Environ **400** p. Formeront plusieurs lots.

125 Vignettes, sujets coloriés, costumes, Raffet, Portraits, lithographies, ornements, etc. Environ 375 p. **4 lots.**

126 Vignettes. **168** feuilles à deux sujets. **8 différents.**

127 Vignettes de keepsake, grand in-8. **10 p.**

128 — pour Don Quichotte, etc. **48 p.**

129 Histoire naturelle, oiseaux et animaux divers. Lithographies coloriées et autres. Plus de **120** p. **2 lots.**

130 Histoire naturelle des animaux, d'après Buvée et Desève. **508** p. In-4.

131 Études, ornements, têtes, etc. **114 p.**

132 Études de paysages, animaux, têtes, académies, statues, gravées et lithographiées, sanguine et en couleur. **256** p. Formeront 5 lots.

133 Fleurs en noir et en couleur. **98** p. **2 lots.**

DESSINS

134 **BÉRARD** 1856. Vue du Palais de Justice. Clair de lune.

135 **SAINT-VICTOR**. 20 marines. Aquarelles.

136 — 9 paysages. Mine de plomb, etc.

137 — 20 papillons, chiens, cerfs. **Aquarelles.**

138 — 10 oiseaux. **Aquarelles.**

139 — 9 costumes, figures de brigands. **Aquarelles.**

140 — 10 fleurs et fruits. Aquarelles.

141 THIERRY, architecte, 1806, Projet d'un mo-
nument à élever à la barrière de l'Étoile. Aquarelle.

142 WITT. L'Automne. Groupe d'enfants.

143 École Française, xviiie siècle. Tombeaux des ducs
de Bourgogne dans l'église des Chartreux, à Dijon.
Grand dessin à l'encre de Chine.

144 École Hollandaise. Paysages, Paysan dormant.
3 p. Aquarelle et encre.

145 Sujets religieux. Dessins anciens. **22** p.

146 Dessins divers. Figures, ornements, paysages.
96 p.

147 Sous ce numéro, les objets non catalogués.

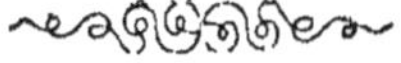

RENOU et MAULDE, imprimeurs de la Compagnie des Commiss.-Priseurs,
rue de Rivoli, 144.   17198

PORTRAITS EN BISTRE

Collections de Portraits inédits ou rares de Personnages célèbres

REPRODUITS NOUVELLEMENT PAR LA GRAVURE

Publiés par VIGNÈRES, M^d d'Estampes

Rue de la Monnaie, 13, à l'entresol, entrée rue Baillet, 1.

Albany (Louise-Max. de Stolberg, comtesse d').	Gravée par Varin.
Amoros, colonel, fondateur de la gymnastique en France.	id.
Argout (Antoine-Maurice-Apollinaire, comte d').	J. Porreau.
Babeuf (F.-N.-Gracchus), journaliste.	id.
Barère (Bertrand), de Vieuzac, conventionnel.	id.
Beauharnais (comtesse Stéphanie de), poète, romancière.	Sisco.
Berruyer, général, commandant des Invalides.	J. Porreau.
Bertrand de Molleville, marquis, ministre, littérateur.	id.
Bièvre (marquis de), célèbre auteur de calembourgs.	id.
Blanchard (Madeleine-Sophie-Armand, Madame), aéronaute.	id.
Bonjour (Casimir), auteur dramatique.	id.
Borghèse (Camille-Philippe-Louis), prince.	id.
Bossut (Charles), mathématicien.	id.
Brazier (Nicolas), auteur dramatique, d'après Marlet.	id.
Brissot (J.-P.), de Varville, conventionnel.	id.
Canclaux (J.-B. Camille, comte de), général, pair.	id.
Cayla (comtesse de), née Talon, d'après le baron Gérard.	Massard.
Clouet dit Janet, (François), peintre de portraits.	J. Porreau.
Cochon, comte de l'Apparent, conventionnel, ministre.	id.
Debureau, acteur des Funambules, Pierrot.	id.
De Fermont (comte), député, conseiller d'État.	id.
Devienne, actrice, Théâtre-Français.	Normand.
Donadieu, baron, général de division.	J. Porreau.
Dorat-Cubières-Palmezeaux, poète, auteur dramatique.	id.
Droz (Joseph), littérateur, académicien.	id.
Duchesne aîné, conservateur du cabinet des estampes.	id.
Ducos (Roger), avocat, constitut., 3º consul provisoire.	id.
Élie de Beaumont, avocat au Parlement de Paris.	Devritz.
Empis (Adolphe), auteur dramatique.	J. Porreau.
Epagny (d'), poète dramatique.	id.
Fabre de l'Aude (comte), député, pair, littérateur.	id.
Fiévée (J.), littérateur, auteur dramatique.	id.
Fréron (Louis-Stanislas), conventionnel.	id.
Frochot, comte, préfet, député.	id.
Garnerin (A.-J.), inventeur du parachute.	id.
Garnerin (Élisa), aéronaute.	id.
Gaudin, duc de Gaëte, ministre des finances.	id.
Genlis (A. Brulard, comte de), cap. des gardes, convent.	id.
Geoffroy (J.-L.), critique, journaliste.	id.
Godoi (don Manuel), prince de la Paix.	Varin.
Gouffé (Armand), chansonnier, vaudevilliste.	J. Porreau.

GUIMARD (Mademoiselle), danseuse.   J. Porreau.
JOUFFROY (Théodore-Simon), professeur, académicien.   id.
JOUSSELIN DE LASALLE, homme de lettres.   id.
KANT (Emmanuel), philosophe allemand.   Bracquemond.
LACALPRENEDE (Gauthier de Costes, seign. de), romancier.   Varin.
LAINÉ (J.-H., vicomte), ministre et académicien.   J. Porreau.
LAMBALLE (princesse de), dess. d'ap. nature par Gabriel,   id.
LASOURCE (M.-David-Albin de), député du Tarn.   id.
LAVALLIÈRE (L.-F. de la Baume, duchesse de).   id.
LUCOTTE (Edme-Aimé), lieut.-général, comte, né à Dijon.   id.
MARAT, à la tribune, dess. d'après nature par Gabriel.   id.
MARTIN (Louis-Aimé), littérateur.   id.
MAUREPAS (J.-Fréd. Phelypeaux, comte de), ministre.   Varin.
MAZÈRES, (Édouard), auteur dramatique.   J. Porreau.
MESMER, auteur du magnétisme animal.   id.
MÉZERAI, actrice, Théâtre-Français.   Normand.
ORLÉANS, duc de Montpensier (Ant.-Philippe d'), 1773-1807.   J. Porreau.
PERSUIS (L. Loiseau de), musicien, d'ap. Pierre Guérin.   id.
PETIET (Claude), député, ministre de la guerre.   id.
PHILIDOR (André-Danican), musicien, auteur du jeu d'échecs.   id.
PILON (Germain), sculpteur, 1550.   id.
PIXERÉCOURT (Guilbert de), fac-simile, d'après J. Boilly, in-4.   id.
PONGERVILLE (Samson de), académicien.   id.
PONTUS DE LA GARDIE, général en Suède.   id.
RAMEL-NOGARET, ministre des finances, préfet.   id.
REVEILLÈRE-LEPAUX, botaniste, théophilanthrope.   id.
ROBERT-LINDET, député, conventionnel, ministre.   id.
ROMME (Gilbert), conventionnel.   id.
ROUGET DE L'ISLE, auteur de *la Marseillaise*, musicien.   Varin.
SAINT-HURUGE (marquis de).   J. Porreau.
SAINT-PRIX, acteur, Comédie-Française.   id.
SAINT-SIMON (Claude-H., comte de), philosophe.   Perrot.
SILVAIN MARÉCHAL, poète et littérateur.   Devritz.
TALLIEN (Madame), née Cabarus, d'après le baron Gérard.   Massard.
TREILHARD (J.-B., comte), député, ministre, etc.   J. Porreau.
TRONSON DU COUDRAY, avocat, du Conseil des Anciens.   id.
VADIER (A.), député aux États-Généraux.   id.
VATOUT (J.), poète, académicien, bibliothécaire.   Varin.
VIGÉE (L.-G.-B.-E.), poète et auteur dramatique.   J. Porreau.
CARTOUCHE (Louis-Dominique), fameux voleur.   Lallemand.
MANDRIN (Louis), fameux contrebandier.   Delaistre.

Chaque portrait pouvant entrer dans un in-8° est tiré in-4°.
Avec la lettre, papier blanc, 1 fr.; papier de Chine, 1 fr. 25 c.
Avant la lettre, papier blanc, 1 fr. 50 c.; papier de Chine, 2 fr.
Dont il n'est tiré que 20 épreuves blanc et 5 Chine.

Afin de faciliter les recherches des Amateurs de portraits, soit pour les illustrations, soit pour les collections d'autographes ou autres, *deux Catalogues détaillés* de quelques collections de portraits qui peuvent se trouver chez moi, classés par ordre alphabétique, seront remis aux personnes qui en feront la demande affranchie.

Renou et Maulde, imprimeurs de la Compagnie des Commissaires-Priseurs, rue de Rivoli, 144.   17193

www.ingramcontent.com/pod-product-compliance
Lightning Source LLC
LaVergne TN
LVHW010923180726
843502LV00010B/4280